Doris Dörrie

Mimi und Mozart

Mit Bildern von Julia Kaergel

Diogenes

»Mimi, faule Schnecke, jetzt üb endlich Klavier!«,
sagt Mimis Mutter. »Morgen hast du Klavierstunde!«
»Du hast die ganze Woche nicht geübt«, sagt Mimis Vater.
»Und wir haben extra ein Klavier geliehen!«
»Haben wir extra dafür ein Klavier geliehen?«
»Ja, ja, regt euch ab«, mault Mimi und setzt sich ans Klavier.
Lustlos klimpert sie ihre Übungen.
Warum wollte ich nur jemals Klavier spielen lernen,
denkt sie, ist das langweilig! Da, plötzlich …

SALZBURG
WIEN
BERLIN
MÜNCHEN
MAILAND
BOLOGNA
PRAG
MATISSE
HOCKNEY
VENEDIG
ROM
LONDON
LYON
PARIS
NANCY
BACH
BRAHMS
MOZART

hebt sich knarzend der Deckel vom Klavier –
und ein Junge in einer roten Samtjacke mit Rüschenhemd
und mit einer weißen Perücke auf dem Kopf schaut heraus.
»Hocherfreut«, sagt er.
»Wer bist denn du?«, fragt Mimi erschrocken.
Wortlos schwingt der Junge seine Beine über den Deckelrand
und drängt sich neben Mimi auf den Klavierhocker.
»Diese kleinen Übungen hat mein Vater für mich geschrieben;
da war ich drei!«, lacht er und spielt die Übungen ohne
einen einzigen Fehler und ohne dabei auf die Tasten zu sehen!
Neugierig betrachtet er Mimi von der Seite.
»Wieso tragen Sie denn keine Perücke?«, fragt er.

»Wenn dein Vater diese
Übungen geschrieben hat
und der Leopold Mozart
hieß, bist du dann etwa …?«,
fragt Mimi.
Der Junge nickt.
»Wolfgang Amadeus Mozart?«,
fragt Mimi und verschluckt sich
fast vor Aufregung.
»Mein Name ist noch viel länger,
aber Sie, verehrtes Fräulein,
dürfen mich Wolfgang nennen«,
sagt Mozart.
»Und du mich Mmmmmimi«,
stottert Mimi.

»Was schauen Sie denn so?«, fragt Mozart und
spielt ganz nebenbei eine verteufelt schwierige Melodie.
»Ist noch nicht ganz fertig. Das habe ich erst gestern komponiert.«
»Mimi!«, ruft Mimis Mutter. »Das gilt nicht!
Einfach eine CD auflegen! Das ist geschummelt!
Du sollst üben!«
»Was ist denn bitte eine CD?«, flüstert Mozart.

»Da ist deine Musik drauf«, sagt Mimi.
Vorsichtig nimmt Mozart die CD in die Hand und schüttelt ungläubig den Kopf. »Reden's keinen Unsinn, verehrte Mimi«, sagt er. »Das kann ja gar nicht sein.«
Mimi legt die CD in den CD-Player, Klaviermusik ertönt im ganzen Raum. Mozart springt vor Schreck hinter das Klavier.
Mimis Mutter kommt herein und macht die Musik aus.
»Mimi, also wirklich, glaubst du, ich merke das nicht?«, sagt sie. »Du musst jetzt wirklich üben. Wie oft muss ich das denn noch sagen? Ich komme mir ja vor wie eine CD mit Kratzer.«
»Aber vorhin, das war gar keine CD, das war Mozart selber«, sagt Mimi.
»Na, klar, Mozart persönlich«, lacht Mimis Mutter und geht wieder hinaus.
»Du kannst wieder rauskommen«, sagt Mimi.

Aber Mozart zittert am ganzen Leib. »Diese kleine Scheibe ist unheimlich«, sagt er. »Sie klingt wie meine Musik, aber wo sind die Musiker? Wo sind die Instrumente?«
»Das ist alles auf der CD«, lacht Mimi.
»Hier sind Gespenster! Ich fürchte mich!«, ruft Mozart, und plötzlich läuft er davon.

»Bleib doch stehen!«, ruft Mimi. »Wolfgang!
Wolfgang Amadeus Mozart! Warte auf mich!«
Einige Passanten bleiben belustigt stehen.
»Schau mal, da hat sich ein Junge als Mozart verkleidet«,
sagt eine Frau. »Wie süß!«
»Mozart, hallo Mozart!«, ruft ein junger Mann aus einem Auto.
»Ich höre gerade deine Musik!« Er dreht sein Autoradio auf.

Ein Mädchen hält ihr Handy in der Hand. »Ich habe deine kleine Nachtmusik als Klingelton draufgeladen«, sagt sie zu Mozart. »Hier, hör mal!« Sie hält ihm das Handy unter die Nase und lässt es klingeln. Endlich hat Mimi Mozart eingeholt. Voller Angst klammert er sich an sie. »Was ist das für ein kleines Kästchen?«, fragt er Mimi. »Wenn du noch nicht mal verstehst, was eine CD ist, kann ich dir wahrscheinlich auch kein Handy erklären«, seufzt Mimi.

FIGARO
Reise
SALE
SALE
SALE

»Wieso kennen mich denn alle?«, fragt Mozart.
»Na, jeder kennt deine Musik. Einfach jeder.«
»Wirklich jeder?«
»Ich glaube schon«, sagt Mimi, »auf der ganzen Welt«.
»Spektakulos«, flüstert Mozart.
»Was?«, fragt Mimi.
»Das ist spektakulos. Aber ich weiß nicht, ob ich das so schön finde, dass mich jeder kennt«, sagt Mozart und sieht plötzlich ganz blass aus.
»Wieso denn nicht?«, fragt Mimi.
»Dann kann ja jeder über mich schimpfen. Und über meine Musik. Auf all diesen Scheiben, in diesen Kästchen, in diesen rollenden Kisten … überall ist meine Musik?«
Mimi nickt.
»Das ist ja unglaublich«, murmelt Mozart verwirrt. »Aber wo ist denn das Orchester? Warum sehe ich denn nirgendwo ein Orchester?«
»Was hast du denn immer damit, mit deinem Orchester?«, fragt Mimi. »Ich versteh dich nicht.«
»Ich zeig dir, was ich meine«, sagt Mozart. Er nimmt sie an der Hand und zieht sie zurück ins Haus, in die Wohnung, zu Mimis Klavier.

Er klettert aufs Klavier und öffnet den Deckel.
»Komm mit!«, sagt er.
»Wohin denn?«, fragt Mimi ein bisschen ängstlich.
»Zu mir nach Hause«, sagt Mozart. »Jetzt komm schon!«
»Aber du wurdest vor ungefähr zweihundertfünfzig Jahren geboren«, sagt Mimi vorsichtig. »Wie komme ich dann wieder zurück?«
»Ach, keine Sorge«, lacht Mozart. »Alles, was du dazu brauchst, ist ein Klavier. Und davon haben wir zu Hause genug.«
Er reicht ihr die Hand, und Mimi steigt in das Klavier.

Mozart klappt den Deckel über sich zu. Es wird rabenschwarze Nacht. Sie scheinen in ein großes schwarzes Loch zu fallen. Aber dann klappt Mozart den Klavierdeckel wieder auf, und jetzt sieht Mimi staunend einen großen Raum wie in einem Museum mit ganz vielen Kerzen.
Die Frauen tragen riesige weiße Perücken auf dem Kopf und so weite Röcke, dass sie durch keine normale Tür passen. Die Männer haben ebenfalls Perücken auf dem Kopf und dreieckige Hüte. Wie Mozart tragen sie weiße Strümpfe und Schnallenschuhe. Sie sehen alle aus wie verkleidet.
»Spektakulos«, flüstert Mimi.

»Was schaust du denn so?«, lacht Mozart.
Ganz verdattert klettert Mimi aus dem Klavier.
Aber nun verstummen alle anderen und starren sie an.
»Sie glauben, du bist verkleidet«, flüstert Mozart ihr zu.
»Du trägst so ein seltsames Leibchen und Beinkleider,
und deine Schuhe sehen aus wie aus Teig geformt.«

»Setz dich da drüben hin«, sagt Mozart. »In die erste Reihe. Ich muss jetzt ein bisschen Klavier spielen. Mein Vater und das Orchester warten schon.«
Das Orchester also. Das sind verschiedene Musiker, und jeder einzelne lockt andere Töne auf seinem Instrument aus der Stille. Mozarts Hände tanzen über die Tasten, als gehörten sie gar nicht zu ihm und spielten ganz von allein.
Sein Vater verbindet ihm die Augen, und dennoch spielt er, ohne einen einzigen Fehler zu machen. Dann ist die Musik vorbei, wieder in der Stille verschwunden, als wäre nichts gewesen. Alle klatschen begeistert. Auch Mimi.
Mozart verbeugt sich und grinst Mimi zu.

In der Kutsche fahren Mimi und Mozart, sein Vater Leopold und seine Schwester Nannerl nach Hause. Es gibt kein einziges Auto auf der Straße, nur Kutschen und Pferde. Es wird dunkel, und dann fängt es auch noch an zu schneien. »Kommen Sie doch unter die Decke«, sagt Nannerl zu Mimi. »Frieren Sie denn nicht in Ihren seltsamen Kleidern?« »Doch«, sagt Mimi. »Ein bisschen schon. Ich wusste ja nicht, wohin unsere Reise geht.« Und plötzlich fällt ihr ein, dass ihre Eltern gar nicht wissen, wo sie ist.

»Könnte ich vielleicht mal telefonieren?«, fragt Mimi.
»Wie bitte?«, fragt Vater Leopold. »Was möchten Sie gern?«
»Das macht man mit so einem kleinen Kästchen«, erklärt Mozart.
»Da kann man mit Leuten sprechen, die gar nicht da sind, als wären sie Gespenster. Und da kommt auch manchmal meine Musik raus.
Und dort, wo Mimi wohnt, da gibt es so kleine runde Scheiben, da ist auch meine Musik drauf, und auf den Straßen gibt es bunte Kisten ohne Pferde, in die setzt man sich hinein und fährt einfach so durch die Gegend.«

Und in den Kisten wird auch Musik von mir gespielt,
aber man sieht nirgendwo ein Orchester.«
»Wolferl«, sagt Mozarts Schwester. »Hör auf! Das ist doch völlig verrückt!«
»Beruhige dich«, sagt sein Vater. »Du redest ja wie im Fieber.«
»Er hat aber Recht«, sagt Mimi. »Es ist alles wahr. Ich kann es schwören.«
»Deine Freundin Mimi, mein lieber Wolfgang«, sagt Vater Leopold lachend, »ist eine reizend verrückte kleine Person.«

Zu Hause angekommen, schickt Vater Leopold Mimi und Mozart ins Bett. »Fräulein Mimi, Sie dürfen gern bei uns übernachten«, sagt er. »Aber Wolfgang muss jetzt schlafen. Er hat morgen ein sehr großes und wichtiges Konzert.«
Mozart steigt auf einen Stuhl, singt seinem Vater ein kleines Lied vor und küsst ihn zur guten Nacht.
»Das mache ich jeden Abend so«, sagt er. Er setzt seine Perücke ab und zieht sein Nachthemd an. Jetzt sieht er gar nicht mehr aus wie Mozart, sondern ganz normal.
»Ich glaube, ich sollte jetzt nach Hause gehen«, sagt Mimi.
»Hilfst du mir noch, meine Perücke für morgen zu pudern?«, fragt Mozart.
»Das geht so: Du setzt die Perücke auf, ich schüttle die Puderdose und du läufst drunter durch. Und das hier kannst du dir vors Gesicht halten, damit du nicht niesen musst.«
Er gibt Mimi eine Papiermaske.
Kichernd läuft Mimi unter dem Puderregen hindurch, bis die Perücke wieder schön weiß ist.
»So«, sagt Mimi. »Jetzt muss ich wirklich los.«

Sie schleichen zusammen ins Wohnzimmer zum Flügel.
Mozart klappt den Deckel auf.
»Addio«, sagt Mozart, »lebe wohl.«
»Tschüs«, sagt Mimi. »Kommst du mal wieder vorbei?«
»Ich muss dir doch beim Klavierspielen helfen, teuerste Freundin«, lacht Mozart.
»Hier«, sagt er. »Nimm meine Perücke. Als Andenken.«
»Und das behalt du von mir«, sagt Mimi und zieht die CD aus der Hosentasche.
Dann steigt sie in den Flügel, und wieder wird es rabenschwarze Nacht.

best of

Und als Mimi den Deckel über sich öffnet, ist sie wieder zu Hause. Mimi steigt aus dem Klavier, setzt sich auf ihren Klavierhocker, setzt sich die Perücke auf und fängt an zu spielen.
»Das klingt ja schon viel besser«, ruft ihre Mutter.
»Ich war ja auch bei Mozart zu Hause«, ruft Mimi.
»Du spinnst, mein Kind!«, ruft Mimis Mutter. »Jetzt komm Abend essen!«
»Gleich«, sagt Mimi. »Lass mich nur noch ein bisschen spielen!«
Und da sagt ihre Mutter gar nichts mehr.

Diogenes Verlag AG Zürich
www.diogenes.ch
80/06/9/1
ISBN 13: 978 3 257 01117 3
ISBN 10: 3 257 01117 2